道光庚子新鐫

濟南金石志

郡齋藏板

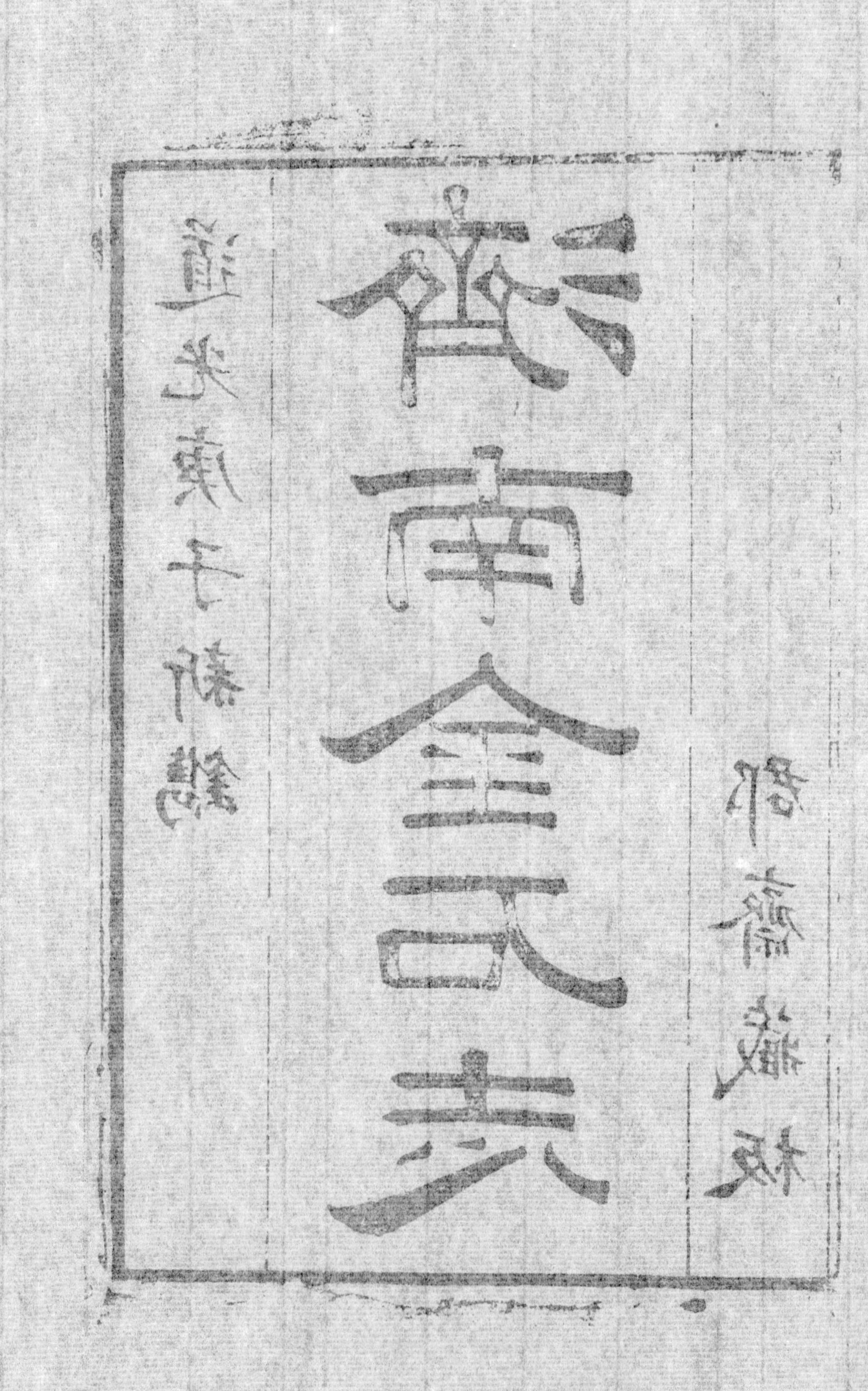

郘齋藏板

濟南金石志

道光庚子新鐫

濟南金石志序

道光庚子春二月既望濟南郡志告成或有問於余曰郡志所載自星野疆域山川至經籍藝文共七十卷又有雜記補遺二卷凡關乎郡境者其備矣乎抑猶有漏略者乎余應之曰志之為體因乎地因乎時

者也古人有言詩無達詁春秋無達例郡志何獨不然如山東通志所載海防之事登萊諸志皆有之濟南無有也河防之事曹單各志皆有之濟南無有也此因乎地者也至因乎時者如金石一類杜氏通典不載而鄭氏通志始創其例後世作志者

因之以山左而論通志金石附古蹟類中寥寥數條迨阮芸臺相國提學山東始有山左金石志之刻鼎彝碑誌燦然可觀而郡邑各志因之如東昌沂州諸城掖縣或一二卷或三五卷以濟南言之若胡書巢歷城志金石三卷已開其先近則吳香岫章邱志沈台簪臨邑志搜羅繁富或生平篤嗜手自鈔錄或素所不好無以公事鞅掌輒假手於人以為之莫不加意搜討登諸邑乘以備續修通志郡志之採擇此皆前人所略而後人所詳所謂因乎時者也

余自束髮受書務通大義以求施諸實用

一名一物非所介意第近年以來閱歐陽公集古錄洪氏隸釋等書又似吉金樂石有裨於經史亦志乘所不可廢也集軒馮君既校定郡志七十二卷復裒集金石志四卷余謂金石所以資文人考覈一入郡志則成官書取求不便今為另刻單行則家家案頭可置一冊然而仍名為志者從其朔也則此書與郡志以為二書也可以為一書也亦無不可時在

道光二十年歲次庚子五月朔日分守山東登萊青整飭海防兼管水利兵備道前知濟南府事大興王鎮中峯撰

王鎮

中峯

濟南金石志序

山左金石自北平翁覃溪學士眡學茲土始輯兩漢金石記好古之士漸知向方厥後孫淵如觀察黃小松司馬來者接踵曲阜顏運生司馬桂未谷大令滋陽牛階平大令褚千峯居士俱各著書竝行於世至儀徵阮芸臺相國提學來東始集其成作山左金石志自漢至元吉金樂石粲然大備嗣是崇川馮晏海明經好古博學編金石索十有二卷引經證史撰述彬彬列于大雅顧志名山左不專一郡索遠略近不記後人益孳圖注篆博古之書考獻徵文志乘之例博古之書斷自前代志乘之例歸美

本朝此馮集軒大令濟南金石志與其兄金石索之刻體例不同視昔人金石之書所爲別指也集軒與余幼而同學長而同年居

則同志仕則同道跡其生平始宰滋陽繼長曲阜假官滕令權牧膠州忠信之長慈惠之師畋畋稱善遺家多難蓼儀抱痛吹壎無人棄官來游著書歷下東帛交聘輯志濟南輿地之書裒然成帙惟金石四卷或因其繁別錄刊行昔偃師武君虛谷出宰山左厥名神君博山罷官安陽脩志金石一書亦屬別行馮君繼起編纂郡志後先同揆卓犖一時武君喆嗣世其家學馮君伯氏有開必先斯景伯昆季可云競爽明誠再傳難與并論者已喜孫少承家訓畢力古文東明之尊陳逆之簠躬陽片石嶧山遺拓陳列几案心摹手追壯歲北上舟次宿遷三代彝器一炬而空因之束書高閣不復執何猶憶丁卯之歲曾葺廣陵圖經邦江金石坿書以傳後之來者編輯方志未墨於板遷樓藏本化爲煙雲越三十四年

喜孫督漕臨淸獲觀斯志以視圖經今昔同感或存或佚傳與不傳孰爲爲之爰序簡端以示奕世閎通博雅來貺斯文

道光二十年五月八日戶部員外郎甘泉汪喜孫孟慈譔

叢殘者鮮諸儒觀斯志以證圖經今昔同感或存或佚傳與不
傳鐫稿屬余發序簡端以示來世閎通博雅承流斯文
道光二十年五月八日戶部員外郎甘泉汪喜孫孟慈譔

濟南金石志目錄

濟南金石志目錄

卷一

歷代金

卷二

歷城石

卷三

章邱石　鄒平石　淄川石　長山石　新城石　齊河石

齊東石

卷四

濟陽石　禹城石　臨邑石　長清石　陵縣石　德州石

德平石　平原石

濟南金石志卷一

金石一

按山左金石志云山左金石甲於天下故論金石於山左誠衆流之在渤海萬峯之峙泰山也第金石並稱而碑碣則屹立不移彝器則轉徙無定故舊志所載有石而無金殆難言之矣然濟南在周爲齊秦漢以後爲郡爲國爲州爲軍雖建置不一而吉光片羽間有存者如有虞之幣商湯之金殷盤畫濕田之界周鼎標太師之名父辛祖庚爵角攸分彭女仲駒觚敦兼列戈稱秦子亦有艮山匜號永年一名錫祚不獨管仲有盤伯愈稱簠也至漢而㷉盧燋斗內府所藏方壺圜笵外觀亦雅官印自君侯以下至於尉候明鏡則尙方而外不廢青羊三國之弩機

錯出西晉之巿善咸誇沿及六朝迴文互讀面具傳形唐則玉臺圓鑑尙記後庭魯郡綰章間留守藏五代之瑩質猶存北宋之太平僅見金源則提控副統之官蒙古則梵唄國書之字莫不鏤文三品比重連城大約三代以前之古文有裨經學三代以後之款識可證史書惟有明一代事不師古識者譏之然野製流傳亦足爲志乘光也

國家憲章稽古歷代法物並載

西淸古鑑辨宣和圖錄之誤證歐薛諸說之訛雖管窺蠡測莫覩高深而體例攸存不容缺略茲廣搜博採彙爲一帙亦以補舊志所未備云爾

有虞氏幣

文曰豕馬貨金五十二當幣

按此幣見之濟南路史云舜作策馬貨即此金石索云舜幣有五種五二金者重貨也一金者輕貨也當金者當重金也攷之管子可見

夏禹幣

文曰安邑貨二金

金石索云禹都安邑當爲禹幣傳稱禹鑄歷山之金湯鑄莊山之幣是也此幣亦於濟南見之

商湯幣

文曰湯金

金石索云湯金二字左讀鄭氏通志云商貨五品湯金第四此其是歟或呼爲全涅非也此幣歷城李翰青珍藏

商斧木爵

銘曰斧木

金石索云此爵以漢建初尺度之連柱高八寸八分口徑長七寸六分闊三寸三分重今庫砝二十四兩三錢兩柱三足有流有鋬銘二字在其鋬之內嘉慶二十一年得之平陵

商父辛爵

銘曰父辛舟作尊

金石索云此爵有二嘉慶中長山縣人畊地得兩爵一卣一鬲售於歷城市肆兗州司馬謝龍門獲此二爵可云合璧爵而曰尊古人多通用之二器銘同

商子孫角

銘曰子孫父乙

博古圖錄云凡觴一升曰爵二升曰觚三升曰觶四升曰角五升曰散在夏曰琖在商曰斝在周曰爵名雖殊而用則一

金石索云角者飲器禮記云卑者舉角疏云四升曰角是也形制兩端如角銳不似爵之有流也銘在其鋬之內向外處

按此角以漢尺度之高九寸五分兩端高起一寸五分足高五寸二分口徑長八寸六分與金石索所載葉東卿器相似惟此多父乙二字非一器也浙江秀水錢有山治光於濟南得之以水量之一角可容四爵之水孔疏非虛語矣

商祖庚角

銘曰舉祖庚

按此角形製與前器相似惟器上有蓋蓋當流口為犧首形覆於器上又中當兩柱之間與器合符巧妙不可思議道光十八年夏陽城張小餘見於濟南市中以京蚨百緡得之可以補博古圖錄所未備

商薑觚

銘曰薑

金石索云此觚濟寧衞守備張夢熊得之德州市上銘一字在足圈之內底之外

商父辛卣

銘曰孫占作父辛尊彝

金石索云此卣出於長山縣田野中惜爲農民鋤破其腹長山

齊之於陵地也

商元戳

銘曰元

按古者戈戳並用戈有胡而戳無胡此與金石索所載商寶戈戳相似當爲商時物也以漢尺較之長九寸六分中闊二寸陽城張小餘得之濟南市中

商散氏銅盤

銘曰唯王九月辰在乙卯大倬義祖爵旅誓曰我既付散氏田器有國寶余有散氏心賊則鍰千罰千天王于豆新宮東廷義祖微西宮和武父登師氏右及左執彝史正中相小門人奚唯

原人嘘寒淮人虞考懷貞傳誥之義祖爵旅則誓迺畀西宮和武父誓曰我既付散氏濕田牆田余有讀彝鍰千罰千西宮和武父則誓乃亂圖司空虎之子和豐父鴻乃有司刑考田井十有五夫正搥上大舍散田司徒若睪司馬單衆易出入司空駝羣宰德夫散入小子境上田戎微父教杲父夔之有司包州京攸選器皿散有司十夫用太僕畫治散邑迺郎散用境上自瀆涉以南至于大沽一封已陟二封至于徽𢼸復涉瀆陟于鄘原陵以西封于敝城楏木封于若逑封于若道內涉若登于厂源封都斥㥾陵上岡㮤封于單道封于原道封于會道以南封于㫃東彊還封于搥上衛以南封于卻逑衛以西至于鴻鄭境上邢邑田自橋木道左至于井邑封道以東一封還以西一封陟

岡三封降以南封于同道陟州岡登桹降棫二封大入有司境
上田
吳穎芳釋文云散氏本有邑益以十五夫之邑則成國故云有
國十五夫掌田井之官卑微故稱人奚唯原等皆邑聚名邢邑
五夫己具器皿故須予十夫
金石萃編云是銘爲散氏表正疆域而作故文中詳紀地至其
見於經史者曰瀆漢志千乘馬車瀆水水經注今淄水也今在
樂安縣曰柳屬勃海今鹽山縣地曰鄺漢志作鄚屬沛郡今永
城地曰黎屬魏郡今濬縣地曰東彊卽東强屬清河今東强縣
曰鄭屬涿郡今任邱地曰槁卽高邑今柏鄉地曰橐卽高平今
鄒縣地曰鬲屬平原今德州地曰濕卽漯字又作隰左傳襄公

十年趙鞅伐齊取犁注犁一名隰濟南有隰陰二十三年晉伐
齊取犁邱注犁卽隰也今臨邑地漢志千乘又有濕沃今蒲臺
地皆在齊魯燕趙之閒又井通作邢今盂鄉地是時諸侯封域
互相侵奪故表正之以播告于衆般人作誓此其證矣
按散氏之地在齊魯燕趙之閒而齊地爲多故錄之以補圻封
之缺

商鼎

薛氏鐘鼎款識濟南鼎二向㶚傳本釋云右二銘字畫奇怪未
容訓釋以鼎出濟南姑以名之本以一器緣傳寫不同聊竝存
之
香祖筆記云薛尚功鐘鼎款識第二卷有濟南鼎二其文如五

岳眞形圖此吾郡典故也然二鼎今不知所在或已入宣和內府矣

周曾公鼎

銘曰曾公作文王尊彝

山左金石志云右方鼎籀文銘七字器爲錢塘馬比部履泰得於東昌攜至濟南濼源書院孫淵如見而拓之

周伯呂皇父鼎

銘曰伯呂皇父作畢姬尊令其萬年子子孫孫永寶用

山左金石志云右銘文十九字伯呂皇父必周之卿士爲畢姬作尊也靈作令見齊侯鐘金石文字謂令者嫁女納婦之詞錢塘馬比部得於濟南作盤式似古器改造者

周太師鼎

銘曰太師小子望作子子孫孫永寶用之

金石索云此鼎於道光辛巳得之平陵與博古圖太師望簋銘相似或卽其人歟

按博古圖錄載周太師望簋銘云太師小子望作䵼彝釋云太師者語其官也望者語其號也小子則孤寡不穀侯王自稱之義也

周子孫卣

銘曰子子孫孫永寶用

金石索云此卣得之章邱器連柄通蓋高漢尺一尺四寸一分橢員而匾腹廣徑九寸重今秤七斤有半蓋底二銘如一

周父丙卣

銘曰父丙作之尊

山左金石志云右父丙卣利津縣丞葉承謙得於山東

周彭女乙觶

銘曰彭女乙舉

金石索云此觶齊河縣令蔣伯生所藏梓人爲飲器勺一升爵一升觚三升鄭康成注勺尊升也觚當爲觶薛氏曰二升曰觚三升曰觶

周五同爵

銘曰五同

金石索云此器齊河令蔣伯生以百金得之黃縣周書上宗奉同瑁傳云同爵名正義曰三祭各用一同非一器而三反也此其第五同歟其形似爵或以爲斝者誤

周兕觥

金石索云齊河縣令蔣伯生所藏博古圖錄謂之犧首杯

周師田父敦

銘曰惟五月既望師田父命小臣斷析余惠

山左金石志云右敦高七寸連耳寬八寸內深四寸四分摹之於歷城肆中有蓋銘在蓋內

周仲駒父敦

銘曰彔旁仲駒父作仲姜敦子子孫孫永寶用享孝

博古圖錄云左傳有駒伯爲郤克軍佐功臣表有騏侯駒幾則

駒其姓也齊景公子駒奔衛則駒其名也豈非公子駒以伯仲
而曰仲駒父耶仲姜者葢仲駒父之母或祖母也鄭康成云敦
瑚璉簠簋皆黍稷之器

積古齋鐘鼎款識云仲駒父敦有二器一爲錢塘陳晝生搨本
一爲東昌太守官五所藏敦銘十八字案旁通防又通房彔旁
葢邑名

金石萃編云按前後二銘字文相同前銘在葢者皆反文左讀
後銘在敦口內者則正書也此器流傳頗多博古圖錄薛氏款
識有三品共二葢器皆全

西清古鑑亦有此敦又有仲駒尊銘文竝同惟大小輕重不等耳仲駒
之名不見經傳博古圖錄引駒父駒伯公子駒爲證是姓是名

不可遽定齊之公子亦出於姜同姓無婚姻之禮則仲駒不得
爲仲姜作敦也

按仲駒父敦博古圖錄載有三器此前一器也通葢高九寸一
分深四寸三分口徑六寸五分腹徑九寸六分容七升九合共
重一十七斤六兩兩耳有珥三足葢與器銘共三十六字道光
丁酉得之濟南肆中

周縮綽眉壽敦

銘曰子孫作尊敦縮綽眉壽永寶用享

山左金石志云東昌章司馬典得之於濟南

周雞彝

山左金石志云東昌張同知得於濟南

周永年匜

銘曰錫祚永年

山左金石志云右匜高五寸口徑六寸三分有柄有流無文飾底有銘四字登州藍太守嘉瓚得之於濟南市中

周公子戈

銘曰相公子之造

山左金石志云右戈胡長二寸七分內亦如之援長四寸五分博一寸吳江陸直之繩得於濟南

周艮山戈

銘曰艮山遍千車戈又曰七十三

金石索云此戈嘉慶丙子初秋見於濟南市肆閒文九字在其胡與芊子戈形製同盖周制也今壽張縣舊名壽艮因梁孝王田獵於艮山改爲梁是漢以前皆稱艮山矣

周秦子戈

銘曰秦子之造戈用左右王室用征宜

按許氏說文秦籀文秦字從二禾伯益之後所封國地宜禾史記秦本紀非子居犬邱周孝王使主馬於汧渭之閒分土爲附庸邑之秦是秦之始封自非子始也是戈盖周初物道光戊戌張小餘於濟南市中見之

周伯愈父鬲

銘曰魯伯愈父作周姬年鬲其永寶用

按此鬲三足高五寸銘十五字在口上道光十一年夏陽城張

小餘得於濟南市中

周伯愈父簠

銘曰魯伯愈父作敞年簠其萬年眉壽永寶用

按此簠惟存器底銘詞與前鬲略同張小餘得之濟南或云此滕陽人掘土所得器毀而銘存亦一異也

周管仲煮鹽銅盤

萊州侯移止登岸按乘云西由場鹽大使官署籬旁舊有銅製鹽鍋二十餘枚乾隆中尚存其二底平而色綠每件口徑四尺二寸高三寸重二百二十斤傳為齊管仲煮鹽鍋雖未能確其為古物無疑案史記平準書因官器作煮鹽官與牢盆注如淳曰牢廩食也盆者煮鹽之盆也其所謂盆者或卽此物嘉慶初年鹽大使汪德潤運至省垣現存運使署中

按管仲銅盤有二現在運司署內也可園中向值鹽院按臨用以盛鹽樣有木架二其一完善其一有璺俱無款識每逢雨後水滿亦巨觀也

周仲㱿父盤

銘曰仲㱿父作婦姬尊盤黍粱稻麥用吻飼仲氏饗

按此盤似敦有兩耳無蓋篆銘十八字銘在器內陽城張小餘得之歷下

周饕餮尊

按此器以漢尺度之高九寸二分口方徑二寸六分底方徑二寸八分腹徑四寸九分兩旁有耳銘十六字模糊難辨重四十

九兩六錢九分徐孝廉稚艮得之歷下

周齊刀

文曰齊寶貨

金石索云此齊刀往往得於章邱臨淄等處嘉祐雜志稱爲齊太公杏九今人呼爲齊吉化皆非也漢志太公爲周立九府圜法退又行之於齊今觀此刀頭有環卽圜法也桓公令輕罪者贖以金刀故齊刀爲多焉

秦半兩錢

文曰半兩

金石索云漢食貨志云秦錢質如周錢文曰半兩重如其文今觀此錢背平無郭恰與周之寶六貨相似員徑一寸三分半金

石記云秦半兩稍重漢半兩稍輕大約以建初尺度之徑踰一寸三四分者秦錢也徑一寸二分以內者漢呂后時所行耳

按此錢見之歷下以漢尺度之徑一寸五分又有半兩二字左讀徑亦如之眞秦錢也

秦鏡

侯穆止掖乘云張之維竹廬晤語抄曰淄川人袁籓於掖縣購得秦鏡一枚作詩紀之任塗山劉麗生皆有和篇案籓字松籬康熙癸卯舉人漁洋山人有秦鏡辭爲袁松籬作又松籬自作詠鏡詩當時和者成帙刻有古鏡詩至鏡之形製題字則莫得而詳

按博古圖錄載古鏡最多皆自漢以來至唐而止竝無秦器此

鏡阮亭先生定爲秦時物或别有考歟

漢菑川太子鑪

銘曰菑川太子家金鍮盧容二斗米重十斤八兩

積古齋鐘鼎款識云案漢書王子侯表龍邱侯等皆菑川懿王子陸元侯等皆菑川靖王子北卿侯菑川孝王子此菑川太子不知何屬鍮字字書所無

按漢書地理志宜成縣屬濟南郡菑川懿王子有宜成康侯偃武帝元朔三年受封未知是否

漢鐎斗

銘曰內者樂臥重一斤十四兩第卌四

金石索云鐎斗溫器也似銚而無緣有柄而三足元康鐎斗銘在柄下此鐎斗銘在底內者係造器之官樂臥未詳或長樂宮臥處所用之鐎斗也

按此器本黃小松司馬所藏道光乙酉於歷下見之

漢長宜子孫鉤

銘曰長宜子孫

積古齋款識云右長宜子孫鉤銘四字黃小松所藏器案此鉤嵌金銀絲篆法奇古每字兩旁皆有粟點制作之工非漢以後所能也

按此鉤以漢尺量之長七寸中闊一寸二分螭首闊六分尾闊五分鉤中空重四兩五銖道光已亥夏五得之歷下

漢永興銅釜

銘曰永興二年堂福造作工

山左金石志云右釜口徑七寸五分底徑五寸七分高七寸二分有耳無足篆文銘九字永興漢桓帝年號堂福乃作者姓名詩傳有足曰錡無足曰釜鄭箋謂烹鉶羹之芼器見於濟南市

漢銅釜

齊河縣志縣丞山陰沈孟球銅釜記云雍正壬子爲鄉比之年秋八月邑張村民人於地中得銅釜其制彷彿古鉶式圓徑尺許大腹六耳平綴於外邑侯上官公召匠斲木爲几致之大成殿中殿故有銅瓶二今得是器爲不孤矣

漢方壺

明禹城劉士驥所藏有漢方壺歌見山左明詩鈔

漢永元鷺魚洗

銘曰永元十三年三月廿四日造

山左金石志云永元爲後漢和帝年號右作鷺形左作魚形

金石索云金石志載此器右鷺而左魚爲黃小松司馬藏茲則右魚而左鷺爲齊河縣令蔣伯生藏

漢壓勝錢

金石索云余得此錢於歷下與博古錄所收第五壓勝錢相似上爲龍中爲馬下爲盤花界以粟紋其似花瓣者乃空處耳博古錄不能定時代然亦取天用龍地用馬之義可知爲漢制也

漢正師戈

銘曰正師

金石契云此戈嘉慶丙子夏日在濟南與保少栢王霽塘登歷山同見此戈得之銘二字在其援正師造戈者名也此戈形製與周秦諸戈不同葢漢時物也

漢元康弩機

銘曰元康元年考工工賢作六石鐖主令長平丞義右倘方乘廿三

金石索云此鐖濟東觀察何緩齋先生所藏郭銘隸書二十三字重文一字在其左耳銘篆文一字在其右曰陰

漢建始弩機

金石索云此鐖亦何緩齋先生所藏字迹細微郭面可見者建始三年六月倘方八字及所作二字依稀可辨以上二鐖皆屬西漢

漢建安弩機

銘曰建安廿三年四月十三日所市八千五百師稽福

積古齋鐘鼎款識云師者工師弩柄曰臂鉤弦者曰牙外曰郭造臂者曰臂師造牙者曰牙師造郭者曰郭工稽姓未審所出漢貨殖傳有稽發呂氏春秋有秦賢者稽黃此銘可加證矣市字或以爲第字或以爲制之半文

按此鐖道光丁酉陽城張小餘得之濟南

漢半兩錢笵

翁園日札云嘉慶己巳庚午之閒漢東平陵故城西南有莊曰顏莊居人於城隅內得半兩錢笵甚多眞西漢故物也近世所

出大泉十五貨泉五銖諸笵竝以銅爲之此獨用石一笵用兩石刻錢圜兩行或七或八圜中分刻半兩二字考漢書東平陵有工官鐵官孝文帝鑄四銖錢文曰半兩除盜鑄令使民放鑄則郡國有鼓鑄宜矣濟南國治平陵則平陵錢笵之多又宜矣

余得一副辛未歲以贈吾友葉東卿

金石索云漢半兩錢笵此葉東卿所藏土笵面刻半兩錢四行二十八枚中有凹道背正平無文可以入銅鑄錢其製以土爲之類於磚所謂笵金合土也

按此笵或以爲石或以爲土然土可鑄而石不可鑄也葉東卿以爲土者近是

漢五銖錢笵

金石索云此銅笵以漢尺度之長一尺一寸廣三寸三分今秤二斤有半內列五銖十二陰文反字有凹道支流可以入銅鑄錢每穿孔內有細眼者所以納尖丁約之使兩片不游移也嘉慶己卯得之歷下此字笵也其幕笵則失之矣笵背正平無文中間微隆又凸起一鼻有穿孔可以貫索

新莽刀笵

文曰一刀平五千

金石索云此齊東少尉陸春舫議所藏面列金錯刀一正一背背上有二莖貫之一刀二字陰文葢以爲嵌金之地平五千三字陽文

漢建信侯印

文曰建信侯印
按漢書婁敬齊人高祖時封建信侯今長清有其墓詳人物此
印見吳郡徐氏西京職官印錄

漢平津侯印
文曰平津侯印
按漢書公孫宏淄川人武帝時封平津侯詳人物印見徐氏印
錄

漢大中大夫給事中印
文曰大中大夫給事中
按漢書百官公卿表大中大夫秩比千石東方朔傳平原厭次
人武帝時爲大中大夫給事中詳人物厭次今陵縣境印見徐

氏印錄

漢濟南太守印
文曰濟南太守章
按此印見徐氏印錄濟南太守前漢鄭當時王賢夏侯藩後漢
王梁劉詡耿艾曾爲之並詳宦蹟

漢平原太守印
文曰平原太守章
按此印見徐氏印錄平原太守前漢蕭望之後漢伏湛趙憙陳
紀曾爲之並詳宦蹟

漢齊郡太守印
文曰齊郡太守章

按此印見徐氏印錄齊郡太守前漢京房曾爲之詳宦蹟

漢濟南都尉印

文曰濟南都尉

按此印見徐氏印錄前漢濟南都尉甯成見酷吏傳

漢平原文學印

文曰平原文學

按此印見徐氏印錄平原文學前漢匡衡曾爲之詳宦蹟

漢平昌君印

文曰平昌君印

按此印陽城張小餘得之濟南平昌屬平原郡今德平縣境漢書有平昌侯王無故此平昌君不知何人張小餘需次濟南得漢印一百二十方輯張氏玉印軒印存一卷茲就其有關考證者錄之

漢安武君印

文曰安武君

按此印瓦鈕朱文與秦漢印統所載安武君玉印相似惟武字反文與彼不同耳道光己亥得之歷下

漢樂平君印

文曰樂平君印

按此印銀質壇鈕方徑漢尺八分歷下朱季直珍藏以殉

漢關內侯印

文曰關內侯印

按此印銅質龜鈕白文山陰王巽之得於濟南

漢龍頟侯印

文曰龍頟侯印

按漢書功臣侯表韓穨當之孫說武帝時封龍頟侯考漢龍頟縣在今長清縣境此印於濟南得之見陽城張氏印存

漢宜成長印

文曰宜成長印

按漢書地理志宜成縣屬濟南郡此印亦於濟南得之見張氏印存

漢後將軍假司馬印

文曰後將軍假司馬

按漢宣帝時趙充國爲後將軍封營平侯考營平城在今歷城縣東此云後將軍假司馬則其屬也印見張氏印存

漢濟南相印

文曰濟南相印

按此印見金石索本印萃前漢韓千秋後漢荀緄曾爲之並詳宦蹟

漢濟南侯印

文曰濟南侯印

金石索云濟南侯印一見印統一爲桂氏所藏

漢弋陽侯家印信

文曰弋陽侯家印信

按此印道光戊戌嘉平月得之濟南市中以漢尺度之長一寸六分寬一寸二分辟邪鈕高一寸八分篆文六字二行後漢志弋陽侯國屬汝南郡魏分置汝南江夏爲弋陽郡此云侯家則漢時印也

漢劉勝印

文曰劉勝私印

山左金石志云右印瓦鈕購於濟南市劉勝潁川人見後漢書杜密傳盛熙明法書考予得古銅章有劉勝私印前印劉勝二字作白文而此印惟勝字作白文與曲阜孔廣禦所藏者同

漢大將軍竇武印

文曰竇武印

山左金石志云右漢大將軍聞喜侯竇武名印白文乾隆甲寅元得於濟南銅質龜鈕較他印較大文字整齊毫無缺爛非後人撥蠟所可彷彿則金錫之齊得也大將軍當龜鈕銀印此用銅者以私印之故

漢魋陽充印

文曰魋陽充印

山左金石志云右印白文元購於濟南市按後漢書儒林傳中山魋陽鴻字孟孫注云姓魋陽名鴻魋从角不从魚音胡瓦反不音圭可以證鄭樵氏族略之誤

漢公孫益壽印

文曰公孫益壽

寶華碑館印考云公孫益壽漢宣帝時人通鑑本始二年祈連將軍田廣明出塞千六百里至雞秩山斬首虜十九級逢漢使匈奴還冉宏等言雞秩山西有虜衆祈連即戒宏使言無虜欲還兵御史屬公孫益壽諫以爲不可祈連不聽遂引兵還上以祈連知虜在前逗遛不進下獄自殺擢公孫益壽爲侍御史案來通鑑所載出前漢書匈奴傳此印自本始至今千九百餘年章法整齊淳古樸茂洵西漢物可貴也

按此印龜鈕篆文以漢尺按之方徑七分厚分半通鈕高六分重五十銖得之濟南見張氏印存

漢洽氏宗印

文曰洽氏宗印

按漢書藝文志云洽豐淮陽人宣帝時爲淄川太守詳宦蹟此云宗印蓋其宗子所用也此印得之濟南見張氏印存

漢王武印

文曰王武

按山左金石志載王武印有三釋云宣帝之舅封樂昌侯此印得之濟南徑六分字有界畫與金石志異見張氏印存

漢但禁印

文曰但禁之印

按此印道光十四年夏濟南西關外居民掘土得之又有但晏印考但氏姓苑云漢但巳爲濟陰太守禁與晏豈其族歟王莽傳有都護但欽宋有但中庸俱見姓氏急就篇禁晏二印陽城

張氏珍藏

漢旦禹印

文曰旦禹之印

按此印與但晏但禁二印同時出土俱爲陽城張氏珍藏考古

無旦姓或卽但之省文歟

漢射賓印

文曰射賓之印

按此印見張氏印存三輔決錄云漢末大鴻臚射咸本姓謝名

服天子以爲將軍出征故爲射見姓氏急就篇

漢蟜溥印

文曰蟜溥私印

按此印見張氏印存國語少典取有蟜氏禮記曾有蟜固漢百

官表有蟜望竝見急就篇

漢佢殷印

文曰佢殷

按此印瓦鈕道光己亥得之歷下與程荔江秦漢印譜所載同

佢字字書不載姓氏譜中亦無此姓俟考

漢校志印

文曰校志私印

按此印見張氏印存考姓氏急就篇校氏周禮校人之後唐有

校傑此印得之濟南觀其筆意蓋漢印也

漢日有憙鏡

銘曰日有憙宜酒食長貴富樂無事
山左金石志云右鏡徑五寸七分蟾蜍鈕篆文銘十二字何元錫拓之於德州錢可廬大昭定以爲漢鏡古喜字亦作憙說文憙悅也

漢樂無極鏡

銘曰新銀茲竟子孫衆多賀君家受大福位至公卿修祿食幸得時至獲嘉德傳之後世樂無亟大吉
山左金石志云右鏡徑四寸八分鼻鈕內篆書十二辰外圖四靈八乳篆文銘三十七字何元錫得之於山東亟是極之省文

漢十二辰鏡

金石索云此鏡中央方圖篆書十二辰之名其四旁作四神之狀加以麟鳳及五銖錢文之飾得之歷下

漢尙方盤龍鏡

銘曰尙方作竟眞大無傷巧工刻之成文章左龍右虎辟不羊朱鳥元武順陰陽長保二親貴富昌如王矦兮
金石索云此鏡得之歷下篆銘四十字中作兩層盤龍之飾起伏異狀有在馬背上作角觝者

漢龍氏鏡

銘曰龍氏作竟佳且好明而日月世少有刻治分守悉皆在長保二親宜孫子大吉羊兮
金石索云此鏡得之平陵翁氏兩漢金石記所收龍氏鏡與此略同而讀爲如

漢鄒氏鏡

銘曰騶氏作竟四夷服多賀國家人民息風雨時節五穀孰長保二親得天力傳告後世樂無亟兮

金石索云洪氏隸釋騶氏二鏡銘文與此同惟少末句史記齊有三騶子後漢書春秋家有騶夾班史竝作鄒二字通用亟卽極之省

漢張氏鏡

銘曰張氏作竟大無傷湅叾銀錫清且明上有天守傳相受東王父西王母令君長遂宜孫子明如日月

金石索云此鏡德州刺史徐蘇亭所藏

按此鏡三層內層作龍虎之形中層六乳四神及麟鳳之形刺

史令嗣稚艮孝廉世守勿失今寓濟南

漢盍氏鏡

銘曰盍氏作竟兮眞大孜上有東王父西王母仙人子喬赤[illegible]子絳節雲衣長保二親兮利孖子吉昌

金石索云竟分四格其二格爲二神人四侍從一格似供奉之物有光燄亦有二人跪其旁

按此鏡與金石索所載字畫少異道光己亥孟秋得之歷下

漢緱氏鏡

銘曰緱氏作竟眞大巧上有山人不矢老兮又云長宜子孫

按此鏡三層長宜子孫篆書四字在內層緱氏作竟篆書十五字在外層中層則六神也巧卽好字山卽仙字矢卽知字俱省

文陽城張小餘得之濟南市中令嗣伯訓世守之

漢日光鏡

銘曰見日之光所言必當

金石索云此鏡得之歷下當字作平聲讀

漢青羊鏡

銘曰青羊作竟四夷服多賀國家民人息風雨時節五穀熟傳告後世得天福

金石索云是竟嘉慶丙子夏得之濟南婁氏漢隸字原載青羊鏡銘與此略同又云青羊卽青陽古漢印有青羊君殆其人歟

蜀漢虎步搜捕司馬印

文曰虎步寥搏司馬

山左金石志云右印方八分篆文六寥與搜通搏與捕通按虎步之設不見漢晉二志水經注引諸葛亮表云臣遣虎步監孟琰據武功水東又與張飛書曰須先教中虎步兵五六千人則是虎步之官蜀漢所設內有監有搜捕司馬也

按此印陽城張小餘得之濟南見張氏印存

蜀漢虎步將軍印

文曰虎步將軍章

按此印亦見張氏印存以漢尺度之方一寸篆文五虎步既有司馬必以將軍統之則將軍爲虎步一軍之主也

蜀漢景耀弩機

銘曰景耀二年六月卅日中作部左興業劉純業吏陳深工蒲

細所作八石重三斤

金石索云此鐵係齊東少尉陸春舫在甘肅時掘土所得一獲五弩三弩無文此其一器景耀二年爲後主之三十七年也

蜀漢平西將軍印

文曰平西將軍

金石索云先主以馬超爲平西將軍督臨沮因爲前都亭侯

按此印龜鈕白文方徑漢尺一寸一分道光己亥見之歷下

魏正始弩機

銘曰正始三年五月十日左尙方造監作吏鼂泉牙匠馮廣師郭亥臂匠江子師項种

按此鐵亦見金石索本涇陽尉姜小珊得於長安者道光丁酉

於濟南見之牙匠臂匠各有一師惟不言郭工耳

魏毋邱儉印

文曰毋邱儉

山左金石志云右印三字白文按儉字仲恭河東聞喜人封平原侯見魏志

晉殿中都尉印

文曰殿中都尉

按山左金石志云晉書輿服志次殿中司馬中道殿中都尉在左殿中校尉在右左右各四行又云按晉置殿中司馬二員大駕出則居華蓋後乘輿前楯弩閒與殿中都尉校尉共一行此印得之濟南見張氏印存

晉木工司馬印

文曰木工司馬

山左金石志云木工司馬無專官豈晉因漢制適有木工之事而司馬督之故刻此印歟

按此印道光己亥見之歷下

晉率善胡王印

文曰晉率善胡王

按山左金石志有晉歸義胡王印釋云武帝紀咸寧五年冬十月戊寅匈奴餘渠都督獨雍等帥部落歸化封之必此時不然後此劉元海起胡王不復歸義於晉矣此云率善當亦同時見張氏印存

晉率善氏阡長印

文曰晉率善氏阡長

按此印見張氏印存山左金石志亦載之

晉率善氏邑長印

文曰晉率善氏邑長

按山左金石志有晉蠻夷率善阡長印釋云武帝紀咸寧三年西北雜虜及鮮卑匈奴五溪蠻夷東夷三國前後千餘輩各率種人部落歸附印必此時所置千夫長之所佩歟又有晉率善氏伯長印此云邑長蓋又在千長百長之上也見張氏印存

晉銅瓦

銘曰漢朝正殿肇爲銅瓦

山左金石志云右銅瓦二元得之於濟南市中朝正殿筆雀字
俱不可考詳其筆畫必是劉淵李壽劉智遠劉文諸漢時物斷
非兩漢時制
桂未谷札樸云案晉懷帝永嘉二年劉淵僭帝號自稱大漢淵
死子聰立咸康四年李雄從弟壽僭立自號曰漢壽死子勢立
瓦卽此僞漢時造其字作楷體有古格故知為晉時物玉篇雀
卽雀字

六朝虬花鏡

銘曰長宜子孫君宜高官
山左金石志云右鏡徑三寸鼻鈕虬紋篆文銘八字相間書之
中有花紋何元錫得之於山東今贈馬比部履泰

六朝吉禽鏡

銘曰良日吉禽乃作竟東王公西王母天公廿一幽湅三商見
具師長其保百昌
山左金石志云按二十八宿建除家謂之演禽吉禽猶吉辰也
夏邑張度購於濟南

六朝迴文鏡

銘曰淨逾泰鑒明齊素月正影澄波采流花發
金石索云此鏡嘉慶丁丑春得之於濟南與濟盒菱花鏡可云
雙璧

六朝嬌來鏡

銘曰團團寶鏡皎皎昇臺鸞窺自舞照日花開臨池似月覩貌

歸來

按此鏡亦見金石索道光乙酉得之濟南

南宋典祠令印

文曰典祠令印

按此印見印統金石索云鍾嶸詩品有宋典祠令任曇緒陽城

張小餘得之濟南見張氏印存

南梁大同銅佛座

銘曰大同二年像

按此像以晉尺度之高三寸五分有座背銘五字徐孝廉稚員

所藏在濟南見之

北魏淩江將軍印

文曰淩江將軍章

山左金石志云右印徑八分銅質龜鈕白文篆五字桂未谷曰

北史劉庫仁字沒根建國三十九年道武未立苻堅以庫仁爲

淩江將軍關內侯史作陵誤

金石索云淩字從水宋書褚叔度傳淡之自假淩江將軍字亦

從水通鑑作陵注引沈約志云魏置淩江將軍爲四十號之首

言欲陵轢江流以蕩平吳會也

按此印歸邑令沈台曾得之濟南山左金石志屬之北魏是也

沈約宋書百官志亦作淩江通鑑注誤

北魏龍驤將軍印

文曰龍驤將軍章

桂未谷札樸云余在洛陽得古印涂金龜鈕文曰驪驤將軍章德州封氏有北魏高湛墓石刻亦作驪驤六朝文字好增偏旁無它義也

按此印陽城張小餘得之濟南見張氏印存

東魏京兆郡開國公印

文曰京兆郡開國公章

金石索云東魏天平中高祐子敳曹以司徒公爲京兆郡開國公魏官氏志開國公爵第一品

按此印龜鈕白文方徑晉尺一寸四分道光己亥見之歷下

北齊銅面具

按掃紅亭吟稿有銅面具歌序云蔣伯生大令於濟南市肆購

得銅面具一片考面具之制漢已有之用以驅儺北齊蘭陵王貌如好女乃帶假面具所向無敵宋時狄青征西夏亦作銅面具此銅質形狀類六朝造佛像與蘭陵較合歌以誌之攷北齊書蘭陵武王長恭一名孝瓘文襄第四子也累遷并州刺史見文襄六王傳

北周永通萬國錢

文曰永通萬國

金石索云永通萬國錢周宣帝所鑄背有爲元武斗劍之象者又鑄永通泉貨背有龍鳳之形

按此錢見之歷下背文有將軍二字兼畫大將并立寻之形與金石索所載不同

北周庾子山印

文曰庾信

按此印瓦鈕白文陽城張小餘得之濟南以贈臨邑令沈台暨觀察吳仲昀有題辭

唐銅節印

山左金石志云右節長四分寬一分半作虎形按周禮山國用虎節續漢書輿服志有銅竹之分蓋合勘以辨眞僞者淄川廩生高晏讀所藏

唐顏魯公私印

文曰眞卿

金石索云此印有三而字畫相同曲阜顏翰博振吉藏其一顏

心齋藏其二相傳以爲顏魯公印未知是否也

按顏魯公名眞卿字淸臣爲平原太守詳宦蹟

唐鐵砧

歷城舊志云鐵砧方二尺許厚尺餘在城東高見莊相傳唐太宗東征高麗鑄兵器之具方大彖守地移置于家

唐開元銅佛座

銘曰開元十六年正月十二日鄭引惠爲己造彌陁一區

山左金石志云右涂金銅佛座高一寸五分縱如之寬三寸字徑一分正書二十字造像記往往曰上爲皇帝國主否則曰爲師僧父母爲一切衆生爲合家眷屬而此獨曰爲己異甚吳江陸古愚緬得於山東又一涂金銅佛座字多模糊可辨者開元

十八年九月字而姓氏不可辨吳江陸古愚繩得於濟南

唐王臺鏡

銘曰絕照覽心圓輝燭面藏寶匣而光掩挂玉臺而影見鑒羅綺於後庭寫衣簪乎前殿

山左金石志云右鏡徑四寸三分螭鈕四獸正書銘二十八字外圖十二辰像詳其銘詞乃唐時供御物也拓之於濟南潭西精舍

五代周元通寶錢

文曰周元通寶

金石索云周元錢柴世宗毀天下銅佛鑄

按初氏吉金所見錄云周元錢背有龍鳳文此錢見之歷下作二龍形又與所見錄不同

前蜀寫眉鏡

銘曰練形神冶瑩質良工如珠出匣似月停空當眉寫翠對臉傅紅綺窗繡晃俱含影中

山左金石志云右鏡徑五寸鼻鈕內作海馬蒲萄外正書銘三十二字按此鏡與學齋佔畢及太平廣記鳳州遁跡山郭家崖景德二年軍人揚起所得之鏡銘詞並同惟易幌爲晃涵爲含與博古圖所載瑩質第二鏡但末句俱照秦宮爲稍異耳元和蔣蔣山徵蔚云十國春秋前蜀後主幸秦州賜王承休妻嚴氏鏡銘詞與此正合故定爲前蜀時物器爲吳江陸繩購於濟南今贈仁和馬員外履泰

宋太平鏡

銘曰安邦定國天下太平

按此鏡見金石索徑二寸三分正書銘八字兗州別駕王筵舟得之於濟南

宋壽星鏡

銘曰清靜寍慶積善之家

按此鏡亦見金石索徑四寸篆書銘八字內層畫北斗象有壽星二字嘉慶己卯於濟南得之

宋滿江紅詞鏡

詞曰雪共梅花念動是經年離析重會面玉肌眞態一般標格誰道無情應也妒暗香埋沒教誰識卻隨風偷入傷粧臺縈簾

額驚醉眼朱成碧隨冷煖分青白嘆朱絃凍折高山音息悵望關河無驛使剡溪興盡成陳迹見似枝而喜對楊花須相憶

金石索云此竟得之濟南詞咏雪梅淸雋類宋人故以爲宋器鏡邊作梅花飾

宋雙魚鏡

按此鏡以宋尺度之徑四寸中刻雙魚在水浪中一升一降與金石索所載略同道光己亥得之歷下

金提控所印

文曰提控所印

按此印陽城張小餘得之歷下以宋尺度之方徑二寸五分金石索有金提控所維字印考金制提控不一如提控烏魯古則

正四品提控南京規運柴炭使則從五品之類

金東足院記

文曰東足院記

按此印亦張小餘得之歷下者方徑宋尺一寸二分金史百官志云凡朱記方一寸銅重十四兩天德二年行尚書省以其印小遂命改鑄此朱記也方徑一寸以上當爲改鑄時物

金副統印

文曰副統之印

按此印道光戊戌季秋得之歷下以宋尺度之方徑二寸二分都統之制始於金太祖收國元年以經略遼地置天輔五年始有內外諸軍都統之名其後行軍則立兵罷則省金石索有金成字都統所印正大四年十一月行宮禮部造又有副統約字之印元光二年正月行宮禮部造此印背刻貞祐二年十月日山東路監造則在其後也

金清素鏡

銘曰清素傳家永用寶鑑又曰福壽家安

山左金石志云右鏡徑四寸八分鼻鈕內篆文銘四字外篆文銘八字近義雲章篆法似金元之物

按此鏡道光乙酉得之於濟南與山左金石志所載同惟右邊有歷亭縣官匠五字爲小異耳

金官局鏡

銘曰鏡子局官汲

按此鏡徑三寸五分作雙魚在水浪之中一向上一向下重四兩四錢道光己亥得之歷下金石索載金官鏡有二一曰任城縣官匠一曰韓州主簿驗記官高造考金史食貨志大定八年民有犯銅禁者上曰銷錢作銅舊有禁令然民間猶有鑄鏡者非銷錢而何遂併禁之則其有官造可知此亦官鏡也汲乃官之姓氏耳

金鄒平桃花寺鐵鐘

鄒平志云明昌六年歲次乙卯三月十五日造高五尺八寸螭鈕高一尺四寸腰圍一丈一尺四寸廣四寸

金鄒平桃花寺銅佛

鄒平志云桃花寺銅佛有二一高二尺八寸乾隆三十六年出自蝦蟆汪土崖中一高一尺二寸嘉慶元年邑人漁於蝦蟆汪得之

金臨邑泰和鐵鐘

銘曰泰和二年十一月初二日

臨邑志云鐘款識爲金泰和二年質重一萬七千斤連合龜螭蟠鈕奇古俗傳大水順流而至意有神物憑之矣城南彌陀寺尙有鐵鐘相傳爲唐時物惜剝蝕太甚無款識可攷

金德州永慶寺鐵鐘

銘曰大金國景州將陵縣延壽院并講經僧大沙門定善等九人怕斤馬等男女十六人各人各家增善劉存等十人修武校尉郭大珪等男女十二人施主梅詢等男女七人周氏張氏二

人周氏弟男女六人忠武校尉監務李平同母張氏妻申氏縣
尉桑進同妻王氏兒承直郎主簿鄒彤同妻歐陽氏安遠大將
軍知縣加古阿里同妻師石氏兒各官吉平安景州將陵縣
鑄大鐘一顆本縣裏外蘇春廿名發虔意爲一切衆生造成佛
道并亡過父母早離三塗見在父母家眷各得平安增延善道
鑄鐘一顆貞元二年四月廿九日也鑄鐘大鑑焦義副大鑑陳
進等九人施主安遠大將軍知千戸所沙剌同母那馬并弟三
百戸晉喎施沙百戸亞谷剌弟捕速同母老娘子耶律威同母
乙輦安樓閣眞言消灾眞言延壽眞言滅罪眞言
山左金石志云按永慶寺在德州治衙後明永樂十年修邑人
張惠記曰寺舊在濟河之西乃唐臥雲禪師所創元季燬于兵

火然則此鐘非永慶寺舊物明矣
按此鐘銘山左金石志分爲上八段下八段茲撮其大要節録
如右

元行軍萬戸印

文曰輕字號行軍萬戸所印
按此印道光己亥仲春得之歴下方徑宋尺二寸五分鈕長一
寸篆文九字背刻正書九字金石索有萬戸之印引元史百官
志太祖起自朔土惟以萬戸統軍旅俟穆止掖乘又有天字號
行軍萬戸所印翟文泉以贈許珊林據金史百官志金牌以上
萬戸則萬戸之名不始於元矣

元蒙古字印

按此印道光己亥孟夏得之歷下方徑宋尺二寸五分蒙古篆文六字或以爲達魯花赤之印未知是否背面隱約有行省等字二行模糊難辨

元大德權

銘曰濟南路總管府較勘相同大德九年造

金石索云權稱錘也此權扁而六觚重今庫砝二十三兩六錢正面六字背面九字大德爲元成宗年號史稱其爲守成令主則其較勘權衡以同天下宜矣

元至元鏡

銘曰至元四年

金石索云此鏡得於歷下徑六寸三分內層方正書四字外層

爲雙龍之飾繞以雲氣絢以四時花卉考元世祖至元三十一年順帝至元六年今但稱四年未知其爲前爲後也

元準提鏡

呪曰南無颯哆喃三藐三菩馱俱胝喃怛你也他唵祈隸立隸準提娑婆訶部林

金石索云中心篆書佛字四方環書準提呪南字起林字止外層乃梵書二十六字未識

按此鏡道光己亥見之歷下與金石索所載略同惟彼鏡無柄此鏡有柄爲異耳

元梵字鏡

按此鏡徑二寸五分見之歷下內層一字中層十六字外層二

十字皆梵書與前準提鏡中字又不同葢亦釋家呪語也

元梵唄錢

文曰吉神長祐又曰婆珊婆底演

金石索云此錢得自歷下疑釋家壓勝錢

元詩仙銅牌

銘曰價重篇篇玉聲傳字字金江山爲我助無日不高唫

按此牌以宋尺度之長一寸三分廣一寸銘二十二字背面刻詩仙握筆書屏風像嘉慶初濟南西關人掘土得三銅牌一詩仙一酒仙一拔宅仙惠印山都尉以重價得其一今爲歷下李翰青珍藏餘二牌不知所在

元陵州至元鐵鐘

德州志云陵州鐘樓鐘上鑄有至元年號

明靈山衛百戶印

文曰靈山衛中千戶所百戶印

按此印道光己亥仲夏得之歷下方徑宋尺二寸七分篆文十字背刻正書十字旁刻洪武三十五年十月日禮部造靈字二十八號考明史職官志洪武七年申定衛所之制每衛設前後中左右五千戶大率以五千六百人爲一衛一千一百二十八爲一千戶所一百一十二人爲一百戶所每百戶設總旗二人小旗十人又云計天下內外衛凡五百四十有七所凡二千五百九十有三此明制也

明臨淄縣印

文曰臨淄縣印

按此印方徑宋尺二寸六分篆文四字背刻正書四字江南武進人法炤亭就幕新城縣署道光元年七月十六日遣人於城外掘土得之重濟平十五兩其子麗生世守之

明永樂鐵權

山左金石志云明永樂九年濟南府鑄權亦有較勘相同等字

明象首鼎

銘曰大明永樂年製

按此鼎高七寸製似鼎而三象首向下爲三足又似鬲形有高至三四尺者俗名爲象鼻鼎竝永樂年製俱見之濟南市中

明青馬鏡

銘曰青馬

按此鏡徑三寸五分正書二字濟南市中多有之

明銅佛像

銘曰正德九年六月初三日造佛偉

按此像高七寸銘在座後佛偉乃造像之名道光已亥見之濟南市中

明宏治銅鼎

德州志云永慶寺唐貞元元年建內有大鐘本在運河西岸明永樂十年僧古峰移建州治後宏治間鑄有銅鼎三

明宏治鐵佛

德州志云鐵佛寺在東關宏治年建像高一丈八尺

明宣德銅爐
銘曰大明宣德年製
博物要覽云宣德銅器以爐鼎爲首如魚耳爐鰍耳爐乳爐百摺彝爐戟耳爐天雞彝爐方員鼎石榴足爐橘囊爐香奩爐高足押經爐皆上品也角端爐象鼻爐獸面爐象頭爐扁爐六稜四方直脚爐漏空桶爐竹節爐分襠索耳爐馬槽爐臺九爐三元爐太極爐井口爐皆下品也
按宣德爐形製大小不一濟南市中多有之

明嘉靖華林寺鐵鐘
按此鐘在歷城南關華林寺中嘉靖二十五年三月二十六日造濟南衛百戸汪文廣豐倉大使夏時和副使段仲良廣儲倉

大使張文昇德府信官張鈞王淮馬用等增鑄大鐘一口磬二口香爐二共一千二百斤

明濟南府學銅祭器
天啟五年樊太守碑云府學祭器傳自先代古色照人恐歲久湮遺銘勒於石計開大銅香爐一銅犧罇六銅奠池一大方銅香爐七銅象罇六大鐵香爐二大銅花瓶二銅簠五十八大鐵方香爐四大銅燭臺九對銅簋三十六副大鐵花瓶二銅瓶三小銅燭臺六十八中鐵香爐三十八中銅香爐十一銅籩豆三百一十九小鐵花瓶二對銅盥洗盆三銅小香案一副大鐵鐘一口銅燈六副銅燭臺三對銅雲雷罇十三銅鉶十七銅爵盞一百一十三鐵雲板一塊

按以上共二十七種計七百四十七件俱見天啟碑今觀其器銘有云中大夫濟南路總管張澤監造司吏翟智此元器也有云成化九年夏六月己未山東布政司補造此明器也餘俱無銘亦殘缺不全矣

明崇禎鐵砲

一題崇禎二年八月軍門王造一千三百斤佛山鐵匠陳啟方徐泰梁德奇

一題崇禎十年十月密鎮捐造七十二號虆砲兵部右侍郎吳阿衡巡撫順天等處都察院御史陳祖苞戶部管糧郎中段承光密雲兵備副使劉鎬鎮守西協總兵吳國俊標下督造守備米祿等用藥二斤鉛子四斤合口大彈一個

一題崇禎十二年總督兩廣軍門張行委左布政姜參將王化行督同指揮蘇萬邦紀錄聽用守備陳玉英鑄造七十八號四百五十八

按以上鐵砲俱在濟南東南各城上敵樓前

明歷勝錢

文曰受天百祿又曰錫爾繁禧

按此錢徑一寸二分面背正書各四字大興馮秋槎得之歷下

國朝重建濟南西關鐵塔

銘曰濟南西關　關帝廟前舊有鐵塔一座創鑄未卜何年作成適際此地崢嶸北籠堯岡南標而吾街遂藉以得名由來遠矣猥以歲久傾圮基址僅存過往賓旅累足至止者聞所聞而

來遂不復見所見而去名仍實亡魏子廷鍾恒傷之雍正乙卯
是邦人立意重建顧事有急緩先圖厥要鳩工庀材神像廟貌
煥然一新焉厥工未竣而力告竭十載以來未能如願今則虔
擇吉日協力鼓鑄共七級高丈餘鎮以金罡綴以風鈴開利益
之門環及肩之垣退瞻邇矚煌煌乎巨觀也哉余昔聳之 帝
君忠心炳日義胆凌霄塔影峻嶒庶幾乎彷彿如在神光所凝
與塔影上下休祥普被永永無極而吾是街之藉以得名亦將
實與名稱矣因援筆而爲之記昔乾隆九年歲次甲子清和月
立劉培宗王承祖賈振基

按此塔五級連座高一丈零五寸上層周圍三尺三寸中層四
尺四寸下層五尺五寸八稜銘刻第二層陽文塔在西關外大
街

國朝濟南爐神廟鐵鐘鐵磬

按爐神廟在城內豐儲二倉間本鑄錢局中塑女像順治十一
年三月造鐵磬一口重十二斤順治十八年孟秋善士趙宗舜
等造鐵鐘一口鐵香爐一重十斤